TRISTAN TZARA

Poeta francés de origen rumano, nacido en 1896 y muerto en París en 1963. Durante la primera guerra mundial, se refugia en Zurich y, en 1916, toma parte activa en las tumultuosas veladas del célebre **Cabaret Voltaire**, así como en la fundación del grupo **Dada.** En obras como *La primera aventura celeste del señor Antipirina* (1916) y *Veinticinco poemas* (1919), refleja los rasgos esenciales del **dadaísmo**: la recusación de toda forma de jerarquía social, la confusión de los géneros y el valor concedido al espectáculo. Tentado siempre por la búsqueda de la experimentación literaria, en los años treinta **Tristan Tzara** se acercó y se alejó sucesivamente de movimientos como el simbolismo o el surrealismo. Aunque su poesía última se tornó más equilibrada, el nombre de **Tristan Tzara** es ya un sinónimo de inconformismo provocación: «¡Mírenme bien! Soy idiota, soy un farsante, soy un bromista. (...) ¡Soy como todos ustedes!».

Tristan Tzara

Siete manifiestos Dada

Con algunos dibujos de Picabia

Traducción de Huberto Haltter

FABULA
TUSQUETS EDITORES

Título original: *Sept manifestes Dada*

1.ª edición en Cuadernos Ínfimos: septiembre 1972
6.ª edición en Cuadernos Ínfimos: octubre 1994
1.ª edición en Fábula: abril 1999

Traducción de Huberto Haltter

Diseño de la colección: Pierluigi Cerri

ISBN: 84-8310-629-9
Depósito legal: B.9.012-1999

Impresión y encuadernación: GRAFOS, S.A. Arte sobre papel
Sector C, Calle D, n.º 36, Zona Franca - 08040 Barcelona
Impreso en España

Indice

Manifiesto del señor Antipirina

DADA es nuestra intensidad: que erige las bayonetas sin consecuencia la cabeza sumatral del bebé alemán; DADA es la vida sin pantuflas ni paralelos; que está en contra y a favor de la unidad y decididamente contra el futuro; sabemos sensatamente que nuestros cerebros se convertirán en cojines blanduzcos, que nuestro antidogmatismo es tan exclusivista como el funcionario y que no somos libres y gritamos libertad; necesidad severa sin disciplina ni moral y escupamos sobre la humanidad.

DADA permanece dentro del marco de las debilidades europeas, es una cochinada como todas, pero de ahora en adelante queremos zurrarnos en diversos colores para ornar el jardín zoológico del arte de todas las banderas de los consulados.

Nosotros somos directores de circo y chiflamos por entre los vientos de las ferias, por entre los conventos, prostituciones, teatros, realidades, sentimientos, restaurantes, uy, jojo, bang, bang.

Nosotros declaramos que el coche es un sentimiento que nos ha mimado más de lo suficiente en las lentitudes de sus abstracciones, como los trasatlánticos, los ruidos y las ideas. Sin embargo, nosotros exteriorizamos la facilidad, buscamos la esencia central y nos sentimos contentos si podemos ocultarla; no queremos contar las ventanas de la élite maravillosa, pues DADA no existe para nadie y queremos que todo el mundo entienda eso. Es ahí, os lo aseguro, donde está el balcón de Dadá. Desde donde uno puede oír marchas militares y descender cortando el aire como un serafín en un baño popular, para mear y comprender la parábola.

DADA no es locura, ni sabiduría, ni ironía, mírame, gentil burgués.

El arte era un juego color de avellana, los niños armaban las palabras que tienen repique al final, luego lloraban y gritaban la estrofa, y le ponían las botitas de las muñecas, y la estrofa se volvió reina para morir un poco y la reina se convirtió en ballena y los niños corrían y se quedaron sin cena.

Y luego vinieron los grandes embajadores del sentimiento, quienes exclamaron históricamente a coro:

Psicología Psicología jiji
Ciencia Ciencia Ciencia
Viva Francia

No somos *naïf*
Somos sucesivos
Somos exclusivos
No somos simples
y sabemos bien discutir de la inteligencia.

Pero nosotros, DADA, no compartimos su opinión, pues el arte no es cosa seria, os lo aseguro, y si mostramos el crimen para doctamente decir ventilador, es para halagarles, queridos oyentes, os amo tanto, os lo aseguro y os adoro.

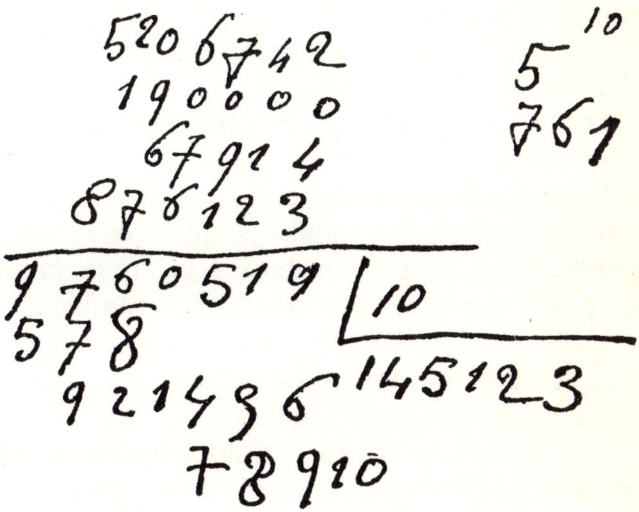

Manifiesto Dada 1918

La magia de una palabra —DADA— que ha puesto a los periodistas ante la puerta de un mundo imprevisto, no tiene para nosotros ninguna importancia.

Para lanzar un manifiesto es preciso querer A.B.C., fulminar contra 1, 2, 3, impacientarse y aguzar las alas para conquistar y esparcir a grandes y pequeños a, b, c, firmar, gritar, jurar, arreglar la prosa a manera de evidencia absoluta, irrefutable, probar su non plus ultra y mantener que la novedad se asemeja a la vida así como la última aparición de una cocotte prueba lo esencial de Dios. Su existencia ya ha quedado probada por el acordeón, el paisaje y la palabra dulce. ⁂ Imponer su A.B.C. es algo natural —y por consiguiente lamentable. Todo el mundo lo hace a guisa de cristalbluffmadona, sistema monetario, producto farmacéutico, pierna desnuda que convida a la primavera ardiente y estéril. El amor por la novedad es la cruz simpática, es prueba de un mimpotacarajismo ingenuo, signo sin causa, pasajero, positivo. Pero esta necesidad es tan vieja como otras. Al dar al arte el impulso de la suprema simplicidad: la novedad, uno es humano y verdadero respecto de la diversión, impulsivo, vibrante para crucificar al tedio. En la encrucijada de las luces, alerta, atento, al acecho de los años, en el bosque. ⁂

Yo escribo un manifiesto y no quiero nada, digo sin embargo ciertas cosas y estoy por principio contra los manifiestos, como también estoy contra los principios (decilitros para el valor moral de toda frase —demasiada comodidad; la aproximación fue inventada por los impresionistas). ⁂ Yo escribo este manifiesto para mostrar que pueden ejecutarse juntas las acciones opuestas, en una sola y fresca respiración; yo estoy en contra de la acción; a favor de la continua contradicción, y también de la afirmación, no estoy ni en favor ni en contra y no lo explico porque odio el sentido común.

DADA —ésta es una palabra que lleva a la caza las ideas; cada burgués es un dramaturgo en pequeño, inventa temas diferentes, en vez de colocar a los personajes convenientes al nivel de su inteligencia, crisálidas en las sillas, busca las causas o los fines (siguiendo el método psicoanalítico que él practica) para cementar su intriga, historia que habla y se define. ⁂

Cada espectador es un intrigante si trata de explicar una palabra (¡conocer!). Desde el refugio enguatado de las complicaciones serpentinas, hace manipular sus instintos. De ahí los infortunios de la vida conyugal.

Explicar: Diversión de los vientres-rojos a los molinos de los cráneos vacíos.

DADA NO SIGNIFICA NADA

Si a uno le parece futil y si uno no pierde el tiempo con una palabra que no significa nada... El primer pensamiento que revolotea en esas cabezas es de índole bacteriológica: hallar su origen etimológico, histórico o psicológico, por lo menos. Por los diarios se entera uno que a la cola de una vaca santa los negros Krou la llaman: DADA. El cubo y la madre en cierto lugar de Italia: DADA. Un caballo de madera, la nodriza, doble afirmación en ruso y en rumano: DADA. Hay sabios periodistas que ven en esto un arte para los críos, y otros santos jesúsllamandoalosniñitos del día, el retorno a un primitivismo seco y ruidoso, ruidoso y monótono. La sensibilidad no se construye sobre una palabra; toda construcción converge en la perfección que aburre, idea estancada de una dorada ciénaga, relativo producto humano. La obra de arte no debe de ser la belleza en sí misma, o está muerta; ni alegre ni triste, ni clara ni oscura, regocijar o maltratar a las individualidades sirviéndoles pasteles de las aureolas santas o los sudores de una carrera arqueada a través de las atmósferas. Una obra de arte jamás es bella, por decreto, objetivamente, para todos.

La crítica es por lo tanto inútil, no existe más que subjetivamente, para cada uno, y sin el menor carácter de generalidad. ¿O acaso se ha hallado la base psíquica común a toda la humanidad? Quedan, bajo las alas anchas y benévolas del intento apocalíptico: el excremento, los animales, las jornadas. ¿Cómo es que se quiere ordenar el caos que constituye esa infinita informe variación: el hombre? El principio "ama a tu prójimo" es una hipocresía. "Conócete" es una utopía, pero más aceptable pues hay un contenido de maldad en ella. Ninguna piedad. Luego de la matanza nos queda la esperanza de una humanidad pacificada. Y hablo todo el tiempo de mí, puesto que no quiero convencer, no tengo derecho a arrastrar a otros en mi corriente, no obligo a nadie a seguirme y todo el mundo hace su arte a su manera, si es que conoce la alegría que sube en flechas hacia las capas astrales, o aquélla que desciende a las minas de flores de cadáveres y de espasmos fértiles. Estalactitas: buscarlas por doquier, en los pesebres agrandados por el dolor, en los ojos blancos como liebres de los ángeles. Así nació DADA * de una necesidad de independencia, de desconfianza para la comunidad. Aquellos que nos pertenecen conservan su libertad. No reconocemos ninguna teoría. Estamos hartos de las academias cubistas y futuristas: laboratorios de ideas formales. ¿Es que se hace arte para ga-

* En 1916 en el Cabaret Voltaire de Zurich.

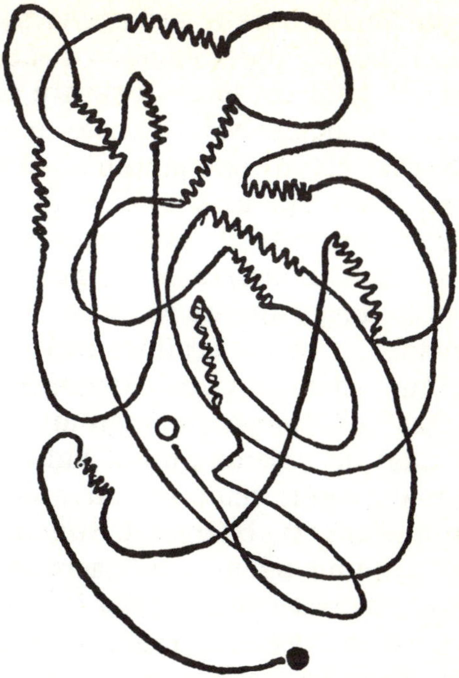

nar dinero y acariciar a los gentiles burgueses? Las rimas suenan a la asonancia de las monedas y la inflexión resbala a lo largo de la línea del vientre de perfil. Todas las agrupaciones de artistas han desembocado en este banco cabalgando sobre diversos cometas. La puerta abierta a las posibilidades de arrellanarse en los cojines y en la comida.

Aquí echamos el ancla en la tierra feraz.

Aquí tenemos derecho a proclamar, pues hemos conocido los escalofríos y el despertar. Resucitados ebrios de energía, clavamos el tridente en la carne despreocupada. Nosotros somos arroyadas de maldiciones en abundancia trópica de vegetaciones vertiginosas, goma y lluvia son nuestro sudor, nosotros sangramos y consumimos la sed, nuestra sangre es vigor.

El cubismo nació de la simple manera de mirar el objeto: Cézanne pintaba una taza 20 centímetros más bajo que sus ojos, los cubistas la miran desde arriba, otros complican la apariencia al hacer una sección perpendicular y colocándola sensatamente de lado. (No olvido a los creadores, ni las grandes razones de la materia que ellos volvieron definitivas.) ⁂ El futurista ve la misma taza en movimiento, una sucesión de objetos uno al lado del otro que maliciosamente hace atractiva con algunas líneas de fuerza. Ello sin perjuicio de que el lienzo sea una buena o mala pintura destinada a la inversión de capitales intelectuales. El pintor nuevo crea un mundo, cuyos elementos son también los medios, una obra sobria y definida, sin argumento. El artista nuevo protesta: ya no pinta (reproducción simbólica e ilusionista) sino que crea directamente en piedra, madera, fierro, estaño, organismos locomotores a los que pueda voltear a cualquier lado el viento límpido de la sensación momentánea. ⁂ Toda obra pictórica o plástica es inútil; que sea un monstruo que asuste a los espíritus serviles, y no dulzona para exornar los refectorios de animales con hábitos humanos, ilustraciones de esta triste fábula de la humanidad. — Un cuadro es el arte de hacer que se encuentren dos líneas geométricamente comprobadas paralelas, en un lienzo, ante nuestros ojos, en la realidad de un mundo transpuesto según nuevas condiciones y posibilidades. Este mundo no está especificado ni definido en la obra, sino que pertenece en sus innumerables variaciones al espectador. Para el autor, ese mundo carece de causa y teoría. *Orden* = *desorden; yo* = *no-yo; afirmación* = = *negación:* resplandores supremos de un arte absoluto. Absoluto en pureza de caos cósmico y ordenado, eterno en el glóbulo segundo sin duración, sin respiración, sin luz, sin control. ⁂ Me gusta la obra antigua por su novedad. Tan sólo el contraste nos enlaza con el pasado. ⁂ Aquellos escritores que enseñan moral y discuten o mejoran la base psicológica tienen, además de un deseo oculto de ganar, un conocimiento ridículo de la vida, a la que han clasificado, dividido, canalizado; se empeñan en hacer bailar a las categorías al ritmo que ellos tocan. Sus lectores se ríen y prosiguen: ¿y de qué sirve?

Hay una literatura que no le llega a la masa voraz. Obra de creadores, procedente de una verdadera necesidad del autor, y para él. Conocimiento de un supremo egoísmo, donde se ajan las leyes. ⁂ Cada página debe reventar, ya sea merced a la seriedad profunda y grave, el torbellino, el vértigo, lo nuevo, lo eterno, merced a la burla aplastante, merced al entusiasmo de los principios o la manera en que queda impresa. Y queda un mundo bamboleante y los medicastros literarios con ganas de mejoramiento.

Yo se lo digo: no hay comienzo y nosotros no temblamos, no somos sentimentales. Nosotros desgarramos, viento furioso, la ropa de las nubes y de las plegarias, y preparamos el gran espectáculo del desastre, el incendio, la descomposición. Preparemos la supresión del duelo y reemplacemos las lágrimas con sirenas tendidas de un continente a otro. Pabellones de júbilo intenso y viudos de la tristeza de la ponzoña. ⁂ DADA es la insignia de la abstracción; la publicidad y los negocios también son elementos poéticos.

Destruyo las gavetas del cerebro y las de la organización social: desmoralizar por todas partes y echar la mano del cielo al infierno, los ojos del infierno al cielo, restablecer la rueda fecunda de un circo universal en las potencias reales y en la fantasía de cada individuo.

La filosofía es la cuestión: de qué lado empezar a mirar la vida, dios, la idea, o cualquier otra cosa. Todo lo que uno mira es falso. El resultado relativo no me parece más importante que escoger entre pastel y cerezas para el postre. La manera de mirar rápidamente el otro lado de una cosa, a fin de imponer su opinión indirectamente, se llama dialéctica, es decir, regatear el espíritu de las patatas fritas bailando la danza método en derredor.

Si yo grito:

Ideal, ideal, ideal,
Conocimiento, conocimiento, conocimiento,
Bumbum, bumbum, bumbum,

he registrado con bastante exactitud el progreso, la ley, la moral y todas las otras bellas calidades que diferentes personas muy inteligentes han discutido en tantos libros, para llegar, a final de cuentas, a decir que a pesar de todo cada quien ha bailado según su bumbum personal, y que tiene razón en lo que toca a su bumbum, satisfacción de la curiosidad enfermiza; timbre privado para necesidades inexplicables; baño; dificultades pecuniarias; estómago con repercusión en la vida; autoridad de la vara mística formulada en ramillete de orquesta-fantasma con arcos mudos, engrasados con filtros a base de amoníaco animal. Con los quevedos azules de un ángel han excavado el interior por veinte centavos de unánime reconocimiento. ⁂ Si todos tienen razón y todas las píldoras no son sino Pink, por una vez intentemos no tener razón. ⁂ Uno cree poder explicar racionalmente, mediante el pensamiento, lo que uno escribe. Pero es muy relativo. El pensamineto es algo muy bonito para la filosofía, pero es relativo. El psicoanálisis es una enfermedad peligrosa, adormece las propensiones anti-reales del hombre y sistematiza la burguesía. No hay una Verdad última. La dialéctica es una máquina divertida que nos conduce / de una manera banal / a las opiniones que hubiéramos tenido de todas maneras. ¿O es que se cree que, mediante el refinamiento minucioso de la lógica, se ha demostrado la verdad y establecido la exactitud de nuestras opiniones? Lógica ceñida por los sentidos es una enfermedad orgánica. A los filósofos les gusta agregar el siguiente elemento: El poder de observación. Pero precisamente esta magnífica cualidad de la mente es la prueba de su impotencia. Uno observa, uno mira de uno o de muchos puntos de vista, uno los escoge entre los millones que existen. También la experiencia es un resultado del azar y de las facultades individuales. ⁂ La ciencia me repugna en cuanto se vuelve especulativa-sistema, pierde su carácter utilitario —tan inútil— pero por lo menos individual. Odio la objetividad grasa y la armonía, esa ciencia que encuentra que todo está en orden. Sigan, hijos míos, humanidad... Dice la ciencia que somos los servidores de la naturaleza: todo está en orden, hagan el amor y rómpanse la cabeza. Sigan, hijos míos, humanidad, gentiles burgueses y periodistas vírgenes... ⁂ Estoy contra los sistemas, el más aceptable de los sistemas es no tener, por principio, ninguno. ⁂ Completarse, perfeccionarse en su propia pequeñez hasta llenar el vaso de su yo, coraje para combatir por y contra el pensamiento, misterio del pan desencadenamiento súbito de una hélice infernal en lis económicos:

LA ESPONTANEIDAD DADAISTA

Llamo mimportacarajismo al estado de una vida en que cada uno conserva sus propias condiciones, sabiendo sin embargo respetar las otras individualidades, o si no defenderse, el paso doble volviéndose himno nacional, tienda de baratillo, T.S.H. teléfono sin hilo transmitiendo fugas de Bach, anuncios luminosos y afiches de burdeles, el órgano difundiendo claveles para Dios, todo eso junto, y realmente, reemplazando a la fotografía y al catecismo unilateral.

La simplicidad activa.

La impotencia para discernir entre los grados de claridad: lamer las penumbras y flotar en la gran boca llena de miel y de excremento. Medida en la escala Eternidad, toda acción es vana —(si dejamos que el pensamiento tenga una aventura cuyo resultado fuese infinitamente grotesco— dato importante para el conocimiento de la impotencia humana). Pero si la vida es una farsa barata, sin objetivo ni parto inicial, y porque nosotros creemos deber salir adelante limpiamente, como crisantemos lavados, del asunto, hemos proclamado única base de entendimiento: al arte. El arte no tiene la importancia que nosotros, centuriones de la mente, le prodigamos desde hace siglos. El arte no aflige a nadie y aquellos que sepan interesarse por él recibirán caricias y buena ocasión para poblar el país de su conversación. El arte es algo privado, el artista lo hace para sí mismo; la obra comprensible es producto de periodista, y pues que se me antoja en este momento mezclar a ese monstruo con colores de aceite: tubo de papel que imita metal que uno aprieta y automáticamente vierte odio, cobardía, villanía. El artista, el poeta se regocija del veneno de la masa condensada en un jefe de sección de esta industria, es feliz cuando se le injuria: prueba de su inmutabilidad. El autor, el artista alabado por los periódicos, comprueba la comprensión de su obra: miserable forro de un abrigo con utilidad pública; andrajos que cubren la brutalidad, meados colaborando al calor de un animal que cobija bajos instintos. Fofa e insípida carne que se multiplica con la ayuda de los microbios tipográficos.

Hemos arrollado la tendencia llorona en nosotros. Toda filtración de esa naturaleza es diarrea confitada. Alentar este arte significa digerirla. Nos hacen falta obras fuertes, rectas, precisas e incomprendidas para siempre. La lógica es una complicación. La lógica siempre es falsa. Ella tira de los hilos de las nociones, palabras, en su exterior formal, hacia objetivos y centros ilusorios. Sus cadenas matan, miriápodo enorme que asfixia a la independencia. Casado con la lógica, el arte viviría en el incesto, engullendo, tragándose su propia cola siempre su cuerpo, fornicándose en sí mismo, y el genio se volvería una pesadilla asfaltada de protestantismo, un monumento, una pila de intestinos grisáceos y pesados.

Pero la soltura, el entusiasmo e inclusive el júbilo de la injusticia, esa pequeña verdad que nosotros practicamos con inocencia y que nos hace bellos: somos finos y nuestros dedos son maleables y resbalan como las ramas de esa planta insinuante y casi líquida; ella precisa nuestra alma, dicen los cínicos. También ése es

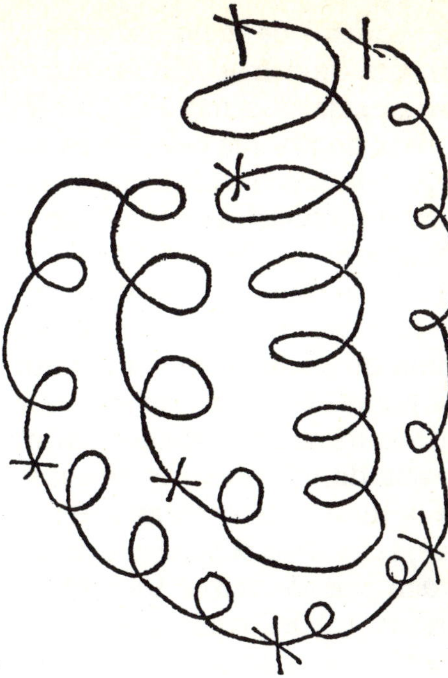

un punto de vista; pero no todas las flores son santas, por fortuna, y lo que de divino hay en nosotros es el despertar de la acción antihumana. Se trata de una flor de papel para el hojal de los señores que frecuentan el baile de la vida enmascarada, cocina de la gracia, blancas primas ágiles o gordas. Ellos trafican con lo que nosotros hemos seleccionado. Contradicción y unidad de los polares en un solo chorro puede ser verdad. Eso si uno insiste en pronunciar esa banalidad, apéndice de una moralidad libidinosa, maloliente. La moral atrofia como todo azote producto de la inteligencia. El control de la moral y de la lógica nos han inflicto la impasibilidad ante los agentes de la violencia —causa de la esclavitud—, ratas pútridas de las que está repleto el vientre del burgués, y que han infectado los únicos corredores de vidrio claros y limpios que quedaban abiertos a los artistas.

Que grite cada hombre: hay un gran trabajo destructivo, negativo, por cumplir. Barrer, asear. La limpieza del individuo se afirma después del estado de locura, de locura agresiva, completa, de un mundo dejado en manos de bandidos que desgarran y destruyen los siglos. Sin fin ni designio, sin organización: la locura indomable, la descomposición. Los fuertes por la palabra o por la fuerza sobrevivirán, pues son vivos en la defensa, la agilidad de los miembros y de los sentimientos chamusca sus flancos labrados.

La moral ha determinado la caridad y la piedad, dos bolas de sebo que han crecido como elefantes y a las que llamamos buenas. La moralidad es la infusión de chocolate en las venas de todos los hombres. Esta tarea no fue ordenada por una fuerza sobrenatural, sino por el cartel de los mercaderes de ideas y los acaparadores universitarios. Sentimentalidad: viendo a un grupo de hombres que se pelean y se aburren, inventaron el calendario y el medicamento sabiduría. Pegando etiquetas, se desencadenó la batalla de los filósofos (mercantilismo, balanza, medidas meticulosas y mezquinas) y se entendió una vez más que la piedad es un sentimiento, como la diarrea, en relación con el asco que arruina la salud, la inmunda tarea de las carroñas de comprometer al sol.

Yo proclamo la oposición de todas las facultades cósmicas a esta blenorragia de un sol pútrido salido de las fábricas del pensamiento filosófico, la lucha encarnizada, con todos los medios del

ASCO DADAISTA

Todo producto del asco susceptible de convertirse en una negación de la familia, es *dada*; protesta con todas las fuerzas del ser en acción destructiva: **DADA**; conocimiento de todos los medios hasta ahora rechazados por el sexo púdico del compromiso cómodo y la cortesía: DADA; abolición de la lógica, danza de los impotentes de la creación: *DADA*; de toda jerarquía y ecuación social instalada para los valores por nuestros lacayos: DADA; cada objeto, todos los objetos, los sentimientos y las oscuridades, las apariciones y el choque preciso de las líneas paralelas, son medios para el combate: DADA; abolición de la memoria: **DADA**; abolición de la arqueología: *DADA*; abolición de los profetas: **DADA**; abolición del futuro: **DADA**; creencia absoluta indiscutible en cada dios producto inmediato de la espontaneidad: ***DADA***; salto elegante y sin perjuicio de una armonía a la otra esfera; trayectoria de una palabra lanzada como un disco sonoro grito; respetar todas las individualidades en su locura del momento: seria, temerosa, tímida, ardiente, vigorosa, decidida, entusiasta; pelar su iglesia de todo accesorio inútil y pesado; escupir como una cascada luminosa el pensamiento chocante o amoroso, o mimarlo —con la viva satisfacción de que da igual— con la misma intensidad en el zarzal, puro de insectos para la sangre bien nacida, y dorada de cuerpos de arcángeles, de su alma. Libertad: DADA DADA DADA, aullido de los dolores crispados, entrelazamiento de los contrarios y de todas las contradicciones, de los grotescos, de las inconsecuencias: LA VIDA.

Proclamación sin pretensión

El arte se duerme para el nacimiento del mundo nuevo "ARTE" *—papagayo de palabra—* reemplazado por DADA, PLESIOSAURO, o pañuelo.

El talento QUE SE PUEDE APRENDER *hace del poeta un droguista* **HOY** *la crítica es balanza ya no lanza semejanzas*

Hipertróficos pintores hiperestesiados e hipnotizados por las hiedras de los almuédanos de apariencia hipócrita

CONSOLIDEN LA COSECHA EXACTA DE LOS CALCULOS

HIPODROMO DE LAS GARANTIAS INMORTALES; ***No hay ninguna importancia no hay transparencia ni apariencia.***

MUSICOS ROMPAN SUS INSTRUMENTOS CIEGOS en el escenario

La **JERINGA** *no es sino para mí entendimiento.* **Escribo porque es natural como orino cuando estoy enfermo**

El arte está necesitado de una operación

El arte es una *PRETENSION* recalentada a la **timidez** de la bacinia urinaria, **LA HISTERIA** nacida en el **taller**

Nosotros buscamos la fuerza **derecha pura SOBRIA UNICA** no buscamos **NADA**
nosotros afirmamos la **VITALIDAD** de cada instante

la anti-filosofía de las acrobacias **ESPONTANEAS**

En este momento odio al hombre que cuchichea antes del entreacto —agua de colonia— teatro agrio. **EL VIENTO ALEGRE.**

Si cada quien dice lo contrario es porque tiene razón.

Preparen la acción del géyser de nuestra sangre —formación submarina de aviones transcromáticos, metales celulares y cifrados en el salto de las imágenes

por encima de los reglamentos de lo

Bello y de su control

No es para los abortos
que todavía adoran su ombligo

Manifiesto del señor Aa el antifilósofo

sin la búsqueda de yo te adoro
que es un boxeador francés
valores marítimos irregulares como
la depresión de Dadá en la sangre del
bicéfalo
resbalo entre la muerte y los fosfatos
indecisos que raspan un poco el cerebro
común de los poetas dadaístas
afortunadamente
pues
oro
mina
las tarifas y la vida cara me han decidido a
abandonar las D
no es cierto que los falsos dadás me
las hayan quitado ya que
el reembolso comenzará en cuanto
es como para llorar la nada que se llama
nada

y he barrido la enfermedad en la aduana
yo caparazón y paraguas del cerebro
de mediodía a las dos de abono
supersticioso desencadenando los engranajes
del ballet espermatozoico que hallarán

ustedes en ensayo general en todos
los corazones de individuos sospechosos
yo les comeré un poco los dedos de ustedes
yo les pago la renovación del abono del
amor en celuloide que rechina como
puertas de metal
y ustedes son unos idiotas
yo volveré una vez como su

orina renaciente a la joie de vivre el
viento partero
y establezco un pensionado de mantenedores
de poetas
y vengo una vez más para comenzar
de nuevo
y son ustedes unos idiotas
y la llave del selfcleptómano no
funciona más que con aceite crepuscular
en cada nudo de cada máquina
está la nariz del recién nacido
y todos somos idiotas
y muy sospechosos de una nueva forma
de inteligencia y de una nueva lógica
a la manera de nosotros mismos
que no es Dadá de manera alguna
y ustedes se dejan llevar por el
Aaísmo
y todos ustedes son idiotas
cataplasmas
en alcohol de sueño purificado
vendajes
idiotas
vírgenes

Tristan Tzara

¡Mírenme bien!

Soy idiota, soy un farsante, soy un bromista.

¡Mírenme bien!

Soy feo, mi cara carece de expresión, soy pequeño.

¡Soy como todos ustedes! [1]

Pero pregúntense, antes de mirarme, si el iris por el que envían flechas de sentimiento líquido no es caca de mosca, si los ojos de su vientre no son secciones de tumores cuyas miradas saldrán alguna vez por una parte cualquiera de su cuerpo, en forma de derrame blenorrágico.

Ustedes ven con su ombligo —¿por qué le esconden el espectáculo ridículo que nosotros le brindamos? Y más abajo, sexos de mujeres, con dientes, que se lo tragan todo— la poesía de la eternidad, el amor, el amor puro, naturalmente —los beefsteaks sangrantes y la pin-

[1] Quería hacerme un poco de publicidad.

tura al óleo. Todos los que miran y que comprenden se colocan fácilmente entre la poesía y el amor, entre el beefsteak y la pintura. Serán digeridos, serán digeridos. Recientemente se me acusó de haber robado unas pieles. Probablemente porque creían que me contaba todavía entre los poetas. Entre esos poetas que satisfacen sus necesidades legítimas de onanismo frío con pieles calientes: *Ahah,* yo conozco otros placeres, igual de platónicos. Llame por teléfono a su familia y orine en el agujero reservado a las boberías gastronómicas y sagradas.

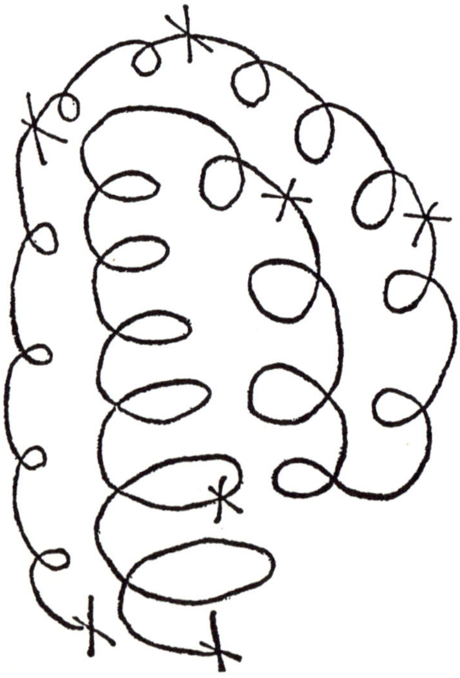

DADA propone dos soluciones:

¡NO MAS MIRADAS!

¡NO MAS PALABRAS! [2]

¡Ya no miren!
¡Ya no hablen!
Pues yo, camaleón cambio infiltración con actitudes cómodas —opiniones multicolores para toda ocasión dimensión y precio— yo hago lo contrario de lo que propongo a los demás.[3]

SE ME OLVIDA ALGO

¿dónde? ¿por qué? ¿cómo?
es decir:
ventilador de ejemplos fríos servirá a la serpiente frágil de cabalgata y nunca tuve el placer de verla a usted my dear, rígida la oreja saldrá por sí misma del sobre como todas las provisiones marinas y los productos de la casa Aa & Co. el chiclé por ejemplo y los perros tienen ojos azules, bebo camomila, ellos se beben el viento, DADA introduce nuevos puntos de vista, ahora se sienta uno en las cuatro esquinas de las mesas, en actitudes deslizadas un poco a diestra y siniestra, es por eso que estoy enfadado con Dadá, exijan por doquier la supresión de las D, coman Aa, frótense con la pasta dentífrica Aa, vístanse en la

[2] Basta de manifiestos.
[3] A veces.

Casa Aa. Aa es un pañuelo y el sexo que se limpia los mocos, el hundimiento rápido —de hule— no tiene necesidad de manifiestos ni de libretas de direcciones, da 25 % de descuento vístase usted con Aa tiene los ojos azules.

Señor Aa el antifilósofo nos envía este manifiesto

¡Vivan los sepultureros de la combinación!

Todo acto es un disparo de revólver cerebral —el gesto insignificante o el movimiento decisivo son ataques (abro el abanico de nocauts para la destilación del aire que nos separa)— y con las palabras depositadas en el papel entro, solemnemente, hacia mí mismo.

En la cabellera de las nociones planto mis 60 dedos y sacudo brutalmente colgaduras, los dientes, los cerrojos de las articulaciones.

Cierro, abro, escupo. ¡Atención! Ahora es el momento de decirles que mentí. Si hay un sistema en la falta de sistema —el de mis proporciones—, yo nunca lo aplico.

Es decir que miento. Miento aplicándolo, miento no aplicándolo, miento cuando escribo que miento pues no miento —pues he vivido el espejo de mi padre— escogido entre los atractivos del baccarat —de ciudad en ciudad— pues yo mismo nunca he sido yo mismo —pues el saxofón lleva como rosa el asesinato del chófer visceral— es de cobre sexual y hojas de carreras. Así tamborileaba el maíz, la alarma y la pelagra en donde crecen las cerillas.

Exterminación. Sí, naturalmente.

Pero no existe. Yo: mezcla cocina teatro.

¡Que vivan los camilleros con convocaciones de éxtasis!

La mentira es éxtasis —aquello que rebasa la duración de un segundo— no hay nada que no lo rebase.

Los idiotas empollan el siglo —vuelven a empezar algunos siglos después— los idiotas permanecen en el círculo durante diez años —los idiotas se balancean en el cuadrante de un año— yo (idiota) me quedo ahí cinco minutos.

La pretensión de la sangre de esparcirse en mi cuerpo y mi acontecimiento el azar de color de la primera mujer que toqué con mis ojos en esos tiempos tentaculares. El más amargo bandolerismo es acabar su frase pensada. Bandolerismo de gramófono, pequeño espejismo antihumano que amo en mí mismo —porque lo creo ridículo y deshonesto. Pero los banqueros de la lengua siempre recibirán su pequeño porcentaje de la discusión. La presencia de un boxeador (por lo menos) es indispensable para el encuentro —los afiliados de una banda de asesinos dadaístas han firmado el contrato de self-protección para las operaciones de ese género. Su número era muy reducido —la presencia de un cantante (por lo menos) para el dúo, de un firmante (por lo menos) para el recibo, de un ojo (por lo menos) para la vista—, siendo absolutamente indispensable.

Pongan la placa fotográfica del rostro en baño de ácido.

Las conmociones que la sensibilizaron se volverán visibles y les sorprenderán.

Dénse a sí mismos un puñetazo en la cara y caigan muertos.

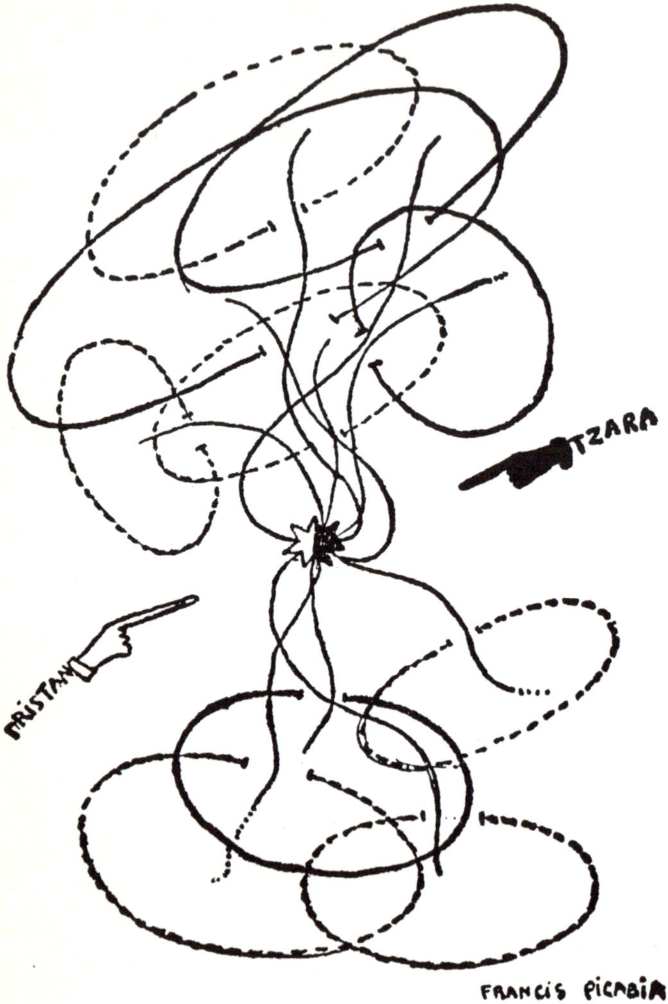
TZARA
TRISTAN
FRANCIS PICABIA

Dada manifiesto sobre el amor débil y el amor amargo

I

preámbulo = sardanápalo
uno = valija
mujer = mujeres
pantalón = agua
sí = bigote
2 = tres
bastón = tal vez
después = descifrar
irritante = esmeralda
vicio = bis
octubre = periscopio
nervio = ☛

o todo eso junto en cualquier arreglo sabroso, jabonoso, brusco o definitivo —sacado en sorteo— está vivo.

Es así que por encima del espíritu vigilante del clergyman construido en la esquina de cada calle animal, vegetal, imaginable y orgánica, todo es igual o nada tiene igual. Incluso si yo no lo creía, la verdad es que lo he escrito en este papel —porque es un mentira que yo FIJÉ como una mariposa en el sombrero.

La mentira circula —saluda al Señor Oportuno y al Señor Cómodo: la detengo, se vuelve verdad.

Así DADA se hace cargo de la policía con pedales y de la moral con sordina.

Todo el mundo (en cierto momento) estaba completo en su cabeza y en su cuerpo. Repítase eso 30 veces.

Me parezco muy simpático.

Tristan Tzara

II

Un manifiesto es una comunicación hecha al mundo entero, en la que no hay más pretensión que el descubrimiento de los medios para curar instantáneamente la sífilis política, astronómica, artística, parlamentaria, agronómica y literaria. Puede ser dulce, bonachón, siempre tiene razón, es fuerte, vigoroso y lógico.

A propósito de lógica, me parezco muy simpático.

Tristan Tzara

El orgullo es la estrella que bosteza y penetra por los ojos y por la boca, que se apoya, hinca en su seno está escrito: estirarás la pata. Es su único remedio. ¿Quién cree aún en los médicos? Yo prefiero al poeta que es un pedo en una máquina de vapor —es manso pero no llora— educado y semipederasta, va nadando. Los dos me valen un sorbete. Es un azar (que no es necesario) que el primero sea alemán, el segundo español. Lejos de nosotros, realmente, la idea de descubrir la teoría de la probabilidad de las razas y el epistolario perfeccionado de la amargura.

III

Siempre se han cometido errores, pero los errores más grandes son los poemas que uno ha escrito. La palabrería tiene una sola razón de ser: el rejuvenecimiento y el mantenimiento de las tradiciones de la biblia. A la palabrería la alienta la administración de correos, que, ¡ay!, se perfecciona, alentada por la compañía de tabacos, las compañías de ferrocarriles, los hospitales, las empresas funerarias, las fábricas de tela. A la palabrería la alienta la cultura de las familias. A la palabrería la alientan los dineros de papá. Cada gota de saliva que se evade de la conversación se convierte en oro. Como los pueblos todavía tienen necesidad de divinidades para observar las 3 leyes esenciales: comer, hacer el amor y cagar, y con los reyes de viaje y las leyendas demasiado duras, tan sólo la palabrería cuenta actualmente. La forma con que se presenta con mayor frecuencia es DADA.

Hay gente (periodistas, abogados, amateurs, filósofos) que inclusive consideran las otras formas: negocios, matrimonios, visitas, guerras, congresos diversos, sociedades anónimas, política, accidentes, bailes, crisis económicas, crisis nerviosas, como variaciones de dadá.

Como no soy imperialista, no comparto su opinión —más bien creo que dadá no es sino una divinidad de segundo orden, a la que se debe colocar simplemente al lado de las otras formas del nuevo mecanismo para religiones de interregno.

La simplicidad ¿es simple o es dadá?

Me parezco bastante simpático.

Tristan Tzara

IV

¿Es acaso necesaria la poesía? Yo sé que aquellos que más fuerte gritan en su contra sin saberlo le destinan y preparan una perfección confortable; —a eso le llaman futuro higiénico.

Se prevé el aniquilamiento (siempre próximo) del arte. Aquí deseamos un arte más arte. Higiene se vuelve pureza diosmío diosmío.

¿Acaso ya no debe creer uno en las palabras? ¿Desde cuándo expresan lo contrario de lo que el órgano que las emite piensa y quiere? *

He aquí el gran secreto:

El pensamiento se hace en la boca.

Todavía me parezco muy simpático.

Tristan Tzara

Un gran filósofo canadiense ha dicho: El pensamiento y el pasado también son muy simpáticos.

* Piensa, quiere y desea pensar.

V

Un amigo, que es demasiado amigo mío para no ser inteligente, me decía el otro día:

el estremecimiento
el quiromántico **NO ES MAS QUE LA**

FORMA DE DECIR buenos días
buenas noches

Y DEPENDE DE LA

FORMA QUE SE LE HA DADO

A su raspilla
su cabello

Yo le contesté:

TIENES RAZON idiota
príncipe

PORQUE YO ESTOY

CONVENCIDO DE LO contrario
tártaro

naturalmente
titubeamos

NO TENEMOS

razón. Me llamo
ganas de comprender **LO OTRO**

La diversidad siendo divertida, este juego de golf da la ilusión de una "cierta" profundidad. Yo mantengo todas las convenciones —suprimirlas sería crear nuevas convenciones, lo cual nos complicaría la vida de una manera verdaderamente repugnante.

Ya no se sabría qué es lo chic: amar a los niños del primer o del segundo matrimonio. El "pistilo de la pistola" nos ha metido con frecuencia en situaciones bizarras y agitadas. *Desordenar* el sentido —*desordenar* las nociones y todas las pequeñas lluvias tropicales de la *desmoralización, desorganización, destrucción, carambolas,* son acciones aseguradas contra la pólvora y de utilidad pública reconocida. Hay un hecho conocido: ya no se encuentran dadaístas más que en la Academia Francesa. Con todo, me parezco muy simpático.

Tristan Tzara

VI

Parece ser que existe eso: más lógico, muy lógico, demasiado lógico, menos lógico, poco lógico, verdaderamente lógico, bastante lógico.

Pues entonces saquen las consecuencias.

—Ya:

Ahora llamen en la memoria al ser que más aman.

—¿Ya?

Díganme el número yo les diré la lotería.

VII

A priori, es decir con los ojos cerrados, Dadá sitúa antes de la acción y por encima de todo: a *La Duda*. DADA duda de todo. Dadá es tatú. Todo es Dadá. Desconfíen de Dadá.

El anti-dadaísmo es una enfermedad: la selfcleptomanía, el estado normal del hombre es DADA.

Pero los verdaderos dadás están contra DADA.

El selfcleptómano.

Quien robe —sin pensar en su interés, en su voluntad— elementos de su individuo es un cleptómano. Se roba a sí mismo. Hace desaparecer los caracteres que lo alejan de la comunidad. Los burgueses se parecen —todos son iguales. No solían parecerse. Se les enseñó a robar —el robo se volvió función— lo más cómodo y menos peligroso es robarse a sí mismo. Todos ellos son muy pobres. Los pobres están contra DADA. Tienen mucho que hacer con sus cerebros. Nunca terminarán. Trabajan. Se trabajan —se engañan a sí mismos se roban —son muy pobres. Pobrecitos. Los pobres trabajan. Los pobres están contra DADA. Quien esté contra DADA está conmigo, dijo un hombre ilustre, pero murió en seguida. Se le enterró como a un verdadero dadaísta. Anno domini Dadá. ¡Desconfíen! Y recuerden este ejemplo.

VIII

PARA HACER UN POEMA DADAISTA.

Coja un periódico.
Coja unas tijeras.
Escoja en el periódico un artículo de la longitud que cuenta darle a su poema.
Recorte el artículo.
Recorte en seguida con cuidado cada una de las palabras que forman el artículo y métalas en una bolsa.
Agítela suavemente.
Ahora saque cada recorte uno tras otro.
Copie concienzudamente
en el orden en que hayan salido de la bolsa.
El poema se parecerá a usted.
Y es usted un escritor infinitamente original y de una sensibilidad hechizante, aunque incomprendida del vulgo.*

* *Ejemplo:*

cuando los perros atraviesan el aire en un diamante como las ideas y el apéndice de la meninge señala la hora de despertar programa (el título es mío)
premios son ayer conviniendo en seguida cua-

dros / apreciar el sueño época de los ojos / pomposamente que recitar el evangelio género se oscurece / grupo el apoteosis imaginar dice él fatalidad poder de los colores / talló perchas alelado la realidad un encanto / espectador todos al esfuerzo de la ya no es 10 a 12 / durante divagación caracoleos desciende presión / volver de locos uno tras otro sillas sobre un monstruosa aplastando el escenario / celebrar pero sus 160 adeptos en paso en los puestos en mi nacrado / fastuoso de tierra plátanos sostuvo esclarecerse / júbilo demandar reunidos casi / de ha la uno tanto que le invocaba de las visiones / de los canta ésta ríe / sale situación desaparece describe aquella 25 danza salve / disimuló todo de no es fue / magnífica la ascensión tiene la banda mejor luz cuya suntuosidad escena me music-hall / reaparece siguiendo instante se agitar vivir / negocios que no prestaba / manera palabras vienen esa gente

IX

Hay gente que explica porque hay gente que aprende. Suprímanlos y no queda más que dadá.

Moje usted la pluma en un líquido negro con intenciones manifiestas —no es más que su autobiografía que usted empolla bajo el vientre del cerebelo en flor.

Biografía es el séquito del hombre ilustre.

Grande o fuerte. Y ahí está usted, usted, hombre sencillo como los demás, luego de haber mojado la pluma en la tinta, lleno de

PRETENSIONES

que se manifiestan en formas tan diversas como imprevistas, y se aplican a todas las formas de la actividad y del estado de ánimo y de mímica;

Helo a usted lleno de

AMBICIONES

de mantenerse en la esfera de la vida, en el sitio al que acaba de llegar hace un instante, de progresar en marcha ascendente ilusoria y ridícula hacia una apoteosis que no existe más que en su neurastenia:

helo a usted lleno de

ORGULLO

más grande, más fuerte, más profundo que todos los demás.

Queridos cofrades: un gran hombre, uno pequeño, fuerte, débil, profundo, superficial, *he ahí por qué reventarán todos ustedes.*

Existe gente que antedató sus manifiestos para hacer creer que tuvo un poco antes la idea de su propia grandeza. Mis queridos cofrades: antes después, pasado futuro, ahora ayer,

he ahí por qué reventarán.

Existe gente que ha dicho: dadá es bueno porque no es malo, dadá es malo, dadá es una religión, dadá es una poesía, dadá es un espíritu, dadá es escéptico, dadá es una magia, yo conozco dadá.

Mis queridos cofrades: bueno malo, religión poesía, mente escepticismo, definición definición,

he ahí por qué reventarán todos ustedes,

y reventarán, yo se lo juro.

El gran misterio es un secreto, pero lo conocen algunas personas. Jamás dirán lo que es dadá. Para distraerlos una vez más diré algo como:

dadá es la dictadura de la mente, o
dadá es la dictadura del lenguaje,
o bien
dadá es la muerte de la mente,
lo que dará gusto a muchos de mis amigos.
Amigos.

X

Es patente que desde Gambetta, la guerra, el Panamá y l'*affaire* Steinheil, la inteligencia se encuentra en la calle. El inteligente se ha convertido en un tipo completo, normal. Lo que nos hace falta, lo que es de interés, lo que es raro porque posee las anomalías de un ser precioso, la frescura y la libertad de los grandes antihombres, es

Dadá trabaja con todas sus fuerzas por la instauración del idiota en todas partes. Pero conscientemente. Y él mismo tiende cada vez más a volverse idiota.

Dadá es terrible. No le enternecen las derrotas de la inteligencia. Dadá es más bien cobarde, pero cobarde como un perro rabioso, no reconoce método ni exceso persuasivo.

La falta de jarreteras que lo hace agacharse sistemáticamente nos recuerda la famosa falta de sistema que en el fondo no existió nunca. La falsa noticia fue lanzada por una lavandera en el pie de su página, la página fue llevada al país bárbaro donde los colibríes la hacen de sandwichmen de la naturaleza cordial.

Esto me lo contó un relojero que tenía en su mano una jeringa flexible que llamó, en recuerdo característico de los países tórridos, flemática e insinuante.

XI

Dadá es un perro —un compás— la arcilla abdominal —ni nuevo ni japonesa desnuda— gasómetro de los sentimientos en bolas —Dadá es brutal y no hace propaganda— Dadá es una cantidad de vida en transformación transparente sin esfuerzo y giratoria.

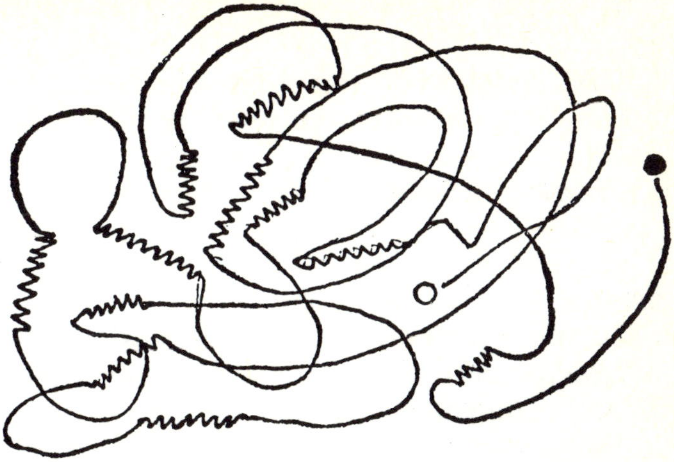

XII

señores señoras compren entren compren y no lean verán a quien tiene en sus manos la llave del niágara el hombre que cojea en una caja los hemisferios en una valija la nariz encerrada en un farolillo chino verán verán verán la danza del vientre en el saloon de massachussets aquél que clava el clavo y el neumático se desinfla las medias de seda de la señorita atlántida la maleta que le da 6 vueltas al mundo para hallar el destinatario señor y su prometida su hermano y su cuñada hallarán ustedes la dirección del carpintero el reloj de sapos el nervio como plegadera tendrán la dirección del alfiler menor para el sexo femenino y del que proporciona las fotos obscenas al rey de grecia así como la dirección de la action française.

XIII

DADA es un microbio virgen
Dadá está contra la carestía de la vida
Dadá
sociedad anónima para la explotación de las ideas
Dadá tiene 391 actitudes y colores diferentes según el sexo del presidente
Se transforma —afirma— dice al mismo tiempo lo contrario —sin importancia— grita —pesca con caña.
Dadá es el camaleón del cambio rápido e interesado.
Dadá está en contra del futuro. Dadá está muerto. Dadá es idiota. Viva Dadá. Dadá no es una escuela literaria, aúlla

Tristan Tzara

XIV

Maquillar la vida en el binóculo —frazada de caricias— panoplia para mariposas, —
he ahí la vida de las camareras de la vida.

Acostarse en una navaja de afeitar y sobre pulgas en celo — viajar en barómetro — mear como un cartucho — cometer errores, ser idiota, ducharse con minutos santos — ser golpeado, ser siempre el último — gritar lo contrario

de lo que dice el otro — ser la sala de redacción y de baños de dios que cada día se da un baño en nosotros en compañía del pocero, —
he ahí la vida de los dadaístas.

Ser inteligente — respetar a todo el mundo — morir en el campo de honor — suscribirse a la Deuda Exterior — votar por Fulano — el respeto por la naturaleza y la pintura — aullar en las manifestaciones dadá, —
he ahí la vida de los hombres.

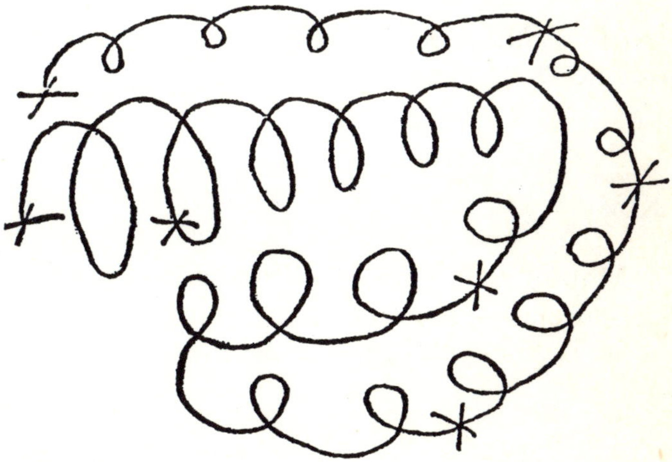

XV

DADA no es una doctrina para poner en práctica: Dadá, — mintamos: un asunto que marcha bien. — Dadá contrae deudas y no vive en su colchón. El buen Dios creó una lengua universal, es por eso que no se la toma en serio. Una lengua es una utopía. Dios puede permitirse no tener éxito: Dadá también. Es por ello que los críticos dicen: Dadá es un lujo, o Dadá está en celo. Dios es un lujo, o Dios está en celo. ¿Quién tiene razón: Dios, Dadá o la crítica?

—"Usted debía" —me dice un encantador lector.

—¡Qué va! Tan sólo quería llegar a la conclusión: Suscríbase a Dadá, el único Préstamo que no rinde nada.

XVI

aúlla aúlla aúlla aúlla aúlla aúlla aúlla aúlla
aúlla aúlla aúlla aúlla aúlla aúlla aúlla aúlla
aúlla aúlla aúlla aúlla aúlla aúlla aúlla aúlla
aúlla aúlla aúlla aúlla aúlla aúlla aúlla aúlla
aúlla aúlla aúlla aúlla aúlla aúlla aúlla aúlla
aúlla aúlla aúlla aúlla aúlla aúlla aúlla aúlla
aúlla aúlla aúlla aúlla aúlla aúlla aúlla aúlla
aúlla aúlla aúlla aúlla aúlla aúlla aúlla aúlla
aúlla aúlla aúlla aúlla aúlla aúlla aúlla aúlla
aúlla aúlla aúlla aúlla aúlla aúlla aúlla aúlla
aúlla aúlla aúlla aúlla aúlla aúlla aúlla aúlla
aúlla aúlla aúlla aúlla aúlla aúlla aúlla aúlla
aúlla aúlla aúlla aúlla aúlla aúlla aúlla aúlla
aúlla aúlla aúlla aúlla aúlla aúlla aúlla aúlla
aúlla aúlla aúlla aúlla aúlla aúlla aúlla aúlla
aúlla aúlla aúlla aúlla aúlla aúlla aúlla aúlla
aúlla aúlla aúlla aúlla aúlla aúlla aúlla aúlla
aúlla aúlla aúlla aúlla aúlla aúlla aúlla aúlla
aúlla aúlla aúlla aúlla aúlla aúlla aúlla aúlla
aúlla aúlla aúlla aúlla aúlla aúlla aúlla aúlla
aúlla aúlla aúlla aúlla aúlla aúlla aúlla aúlla
aúlla aúlla aúlla aúlla aúlla aúlla aúlla aúlla
aúlla aúlla aúlla aúlla aúlla aúlla aúlla aúlla
aúlla aúlla aúlla aúlla aúlla aúlla aúlla aúlla
aúlla aúlla aúlla aúlla aúlla aúlla aúlla aúlla
aúlla aúlla aúlla aúlla aúlla aúlla aúlla aúlla
aúlla aúlla aúlla aúlla aúlla aúlla aúlla aúlla
aúlla aúlla aúlla aúlla aúlla aúlla aúlla aúlla
Que aún se parece muy simpático

Tristan Tzara

Anexo
Cómo me volví encantador simpático y delicioso

Duermo muy tarde. Me suicido en un 65 %. La vida me sale muy barata, no es para mí sino 30 %. Mi vida tiene 30 % de vida. Le faltan brazos, unos bramantes y algunos botones. Un 5 % lo consagro a un estado de estupor semi-lúcido acompañado de crepitaciones anémicas. Ese 5 % se llama DADA. O sea que la vida es barata. La muerte es un poco más cara. Pero la vida es encantadora y también la muerte es encantadora.

Hace unos días estaba yo en una reunión de imbéciles. Había mucha gente. Todo el mundo era encantador. Tristan Tzara, un personaje pequeño, idiota e insignificante, daba una conferencia sobre el arte de volverse encantador. Por lo demás él era encantador.

Todo el mundo es encantador. E ingenioso. ¿Acaso no es delicioso? Por lo demás, todo el mundo es delicioso. 9 grados bajo cero. Es encantador, ¿verdad? No, no es encantador. Dios no está a la altura. Ni siquiera está en el Listín Telefónico. Pero de todos modos es encantador.

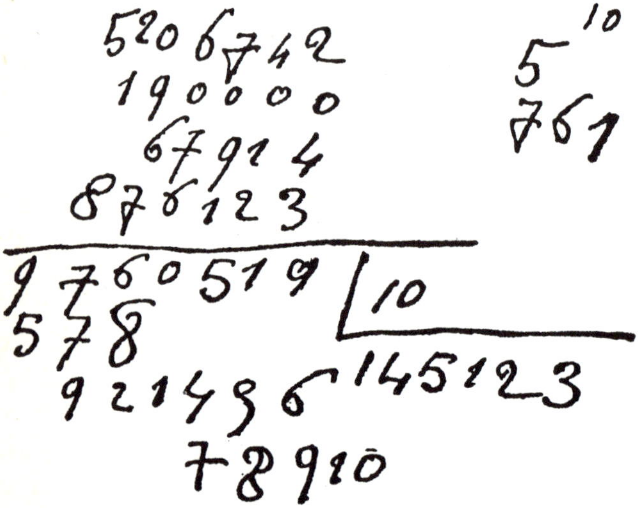

Los embajadores, los poetas, los condes, los príncipes, los músicos, los periodistas, los actores, los escritores, los diplomáticos, los directores, los costureros, los socialistas, las princesas y las baronesas, es encantador.

Todos ustedes son encantadores, muy agudos, ingeniosos y deliciosos.

Tristan Tzara les dice: quisiera hacer otra cosa, pero prefiere seguir siendo un idiota, un farsante y un bromista.

Sean sinceros por un instante: lo que les acabo de decir ¿es encantador o idiota?

Hay personas (periodistas, abogados, amateurs, filósofos) que inclusive consideran los negocios, los matrimonios, las visitas, las guerras, los congresos diversos, las sociedades anónimas, la política, los accidentes, los bailes, las crisis económicas, las crisis nerviosas, como variaciones de dadá. Como no soy imperialista, no comparto su opinión; más bien creo que dadá es una divinidad de segundo orden, a la que hay que colocar simplemente al lado de las otras formas del nuevo mecanismo de religiones de interregno.

La simplicidad ¿es simple o dadá?

Me parezco bastante simpático.

Tristan Tzara

Silogismo colonial

Nadie puede escapar al destino
Nadie puede escapar a DADA

Tan sólo DADA puede hacerle a usted escapar al destino.

Me debe usted: 943.50 francos

¡No más borrachos!
¡No más aeroplanos!
¡No más vigor!
¡No más vías urinarias!
¡Basta de enigmas!

Últimos Fábula

100. Modelos de mujer
Almudena Grandes

101. Nombre de torero
Luis Sepúlveda

102. El fantasma de la Ópera
Gaston Leroux

103. Un campeón desparejo
Adolfo Bioy Casares

104. El amor
Marguerite Duras

105. No sé si casarme o comprarme un perro
Paula Pérez Alonso

106. Griego busca griega
Friedrich Dürrenmatt

107. Annie Hall
Woody Allen

108. Mundo del fin del mundo
Luis Sepúlveda

109. Carta a mi juez
Georges Simenon

110. Borges.
Esplendor y derrota
María Esther Vázquez

111. Siete manifiestos Dada
Tristan Tzara

112. La gran bonanza de las Antillas
Italo Calvino